Susanne Herda

Herausgegeben von Thomas Feibel

MEDIEN-FIT IN 90 MINUTEN

Crashkurs
Kind und Handy

Klett velber

VORWORT

HANDYS SIND PRAKTISCH. ABER ...

Eine aktuelle Studie hat festgestellt, dass Kinder in diesen wirtschaftlich harten Zeiten immer mehr Taschengeld zur Verfügung haben. Demnach gaben Kinder und Jugendliche im Alter zwischen sechs und 19 Jahren 2004 knapp 20 Milliarden Euro aus. Das meiste Geld ging dabei für Klamotten, Ausgehen und die Handyrechnung drauf.

Es ist unübersehbar: Ein Mobiltelefon gehört heute zur Kindheit einfach dazu. Ganz selbstverständlich ist das Handy zum Bestandteil des Spielalltags geworden. Kinder telefonieren ohne Hemmungen, simsen, sammeln Klingeltöne, mogeln mit dem Handy bei Klassenarbeiten, fotografieren damit immer und überall oder gehen den integrierten Spielen nach. Früher fragten sich die Schülerinnen und Schüler noch auf zugesteckten Zetteln, ob sie „miteinander gehen" wollen. Heute schicken sie sich gegenseitig so lange werbende SMS, bis die Karte ihres Handys leer ist.

Aber auch vor kleineren Kinder macht das mobile Telefonieren nicht Halt. Mittlerweile gibt es schon Kinderhandys für das Vorschulalter – mit ganz wenig Knöpfen und fest eingespeicherten Nummern.

Eltern können sogar per Standortbestimmung im Internet nachschauen, wo sich ihr Kind gerade aufhält – und das Handy so zur Beruhigung nutzen.
Gerade wer viel arbeiten muss, wenig Zeit für die Familie hat und ständig vom schlechten Gewissen geplagt wird, freut sich über die digitale Möglichkeit, wenigstens so nach seinem Kind zu „sehen“. Einfach mal schnell nachfragen, ob alles okay ist, und eben zwischendurch ein offenes Ohr für den Nachwuchs haben. Früher steckten uns unsere Eltern 30 Pfennige zu, falls „mal was ist“. Auch beim berühmten Notfall leistet das Handy unschätzbare Dienste.
Zugegeben: Handys in Kinderhänden sind für Erwachsene sehr praktisch. Aber es gibt leider auch eine stattliche Reihe unübersichtlicher Probleme. Nicht umsonst ist das Mobiltelefon bei Kindern die Schuldenfalle Nr. 1. Wie lassen sich hohe Kosten vermeiden? Was ist besser: Vertrag oder die portionierte und bei Bedarf wieder aufladbare Karte? Sind alle Klingeltöne nur Nepp und Abzocke? Wie gesundheitsgefährdend sind die Strahlungen für die Köpfe der Kinder?
Susanne Herda gibt in diesem Buch hervorragende Tipps und Empfehlungen, die unsere Eltern uns nicht mit auf den Weg geben konnten. Nach nur 90 Minuten Lektüre sind wir ein ganzes Stück schlauer.

Berlin, September 2005 Thomas Feibel

1 WARUM EIGENTLICH?

Handys in Kinderhänden: Sechs Gründe, die dafür sprechen

„Wer von euch hat ein Handy?“ Wenn heute ein Lehrer der fünften Jahrgangsstufe seiner Klasse diese Frage stellt, reckt den Ergebnissen der Kids-Verbraucher-Analyse 2004 zufolge jeder zweite Schüler seine Hand in die Höhe. Aber brauchen Kinder wirklich ein Handy?

→ Handy/Daddeln siehe Glossar

Ein Handy verursacht Kosten, es gibt elektromagnetische Wellen ab und es kann süchtig machen. Einerseits. Andererseits lassen sich exorbitante Rechnungen, gesundheitliche Gefahren und sinnentleertes Daddeln durchaus vermeiden oder zumindest einschränken. Und neben der Tatsache, dass der familiäre Dauerstreit endlich ein Ende hat, wenn das Kind ein Mobiltelefon sein Eigen nennen darf, gibt es mindestens sechs weitere gute Gründe, die für die Anschaffung eines Handys sprechen.

„Handy“ ist nicht, wie häufig angenommen, die englische Übersetzung für „Mobiltelefon“, sondern eine umgangssprachliche Bezeichnung, die nur im deutschsprachigen Raum verwendet und verstanden wird. Die korrekte Bezeichnung wäre Mobiltelefon. Wir benutzen in diesem Buch aber auch die umgangssprachliche Bezeichnung „Handy“.

1 KULTURTECHNIK: Das Handy ist ein fester Bestandteil der Jugendkultur

Von den in Deutschland lebenden sieben Millionen Kindern und Jugendlichen im Alter zwischen sechs und 13 Jahren telefonieren mehr als 1,6 Millionen bereits mobil. Tendenz steigend. Seit 1998 hat sich die Zahl der Handys bei Kindern verzehnfacht.
Die Zehn- bis 13-Jährigen machen dabei den Löwenanteil aus: Fast die Hälfte der Kinder in dieser Altersgruppe ist im Besitz eines eigenen Mobiltelefons.
Bei Teenagern ist die Quote noch höher: 80 Prozent der Kinder über 13 Jahre telefonieren, simsen und daddeln mobil.

→ **simsen** siehe Glossar

2 RETTER IN DER NOT: Polizei und Eltern sind immer erreichbar

Sie gingen die ganze Nacht und noch einen Tag von Morgen bis Abend, aber sie kamen aus dem Wald nicht heraus und waren so hungrig, denn sie hatten nichts als die paar Beeren, die sie fanden. Da kam Hänsel plötzlich auf eine Idee. Er sagte zu Gretel: „Warum bin ich nicht gleich drauf gekommen? Wir rufen die Polizei an.“ Vor Aufregung zitternd, kramte er sein Handy aus der Hosentasche, drückte eine Weile verzweifelt darauf herum, reichte es schließlich seiner Schwester mit der Bitte, die Tastensperre zu deaktivieren. Auch Gretel wollte dies vor

→ **Tastensperre** siehe Glossar

lauter Hunger und Kälte nicht gelingen. Die Kinder hatten schon fast alle Hoffnung verloren, da erinnerte sich Gretel plötzlich daran, dass Pin und Tastensperre im Notfall automatisch ausgehebelt sind. Sie drückte auf die Zifferntaste „1" und einige Minuten später waren die Geschwister auch schon in der Obhut der Polizei – und bald schon daheim.

→ **Pin**
siehe Glossar

Es muss nicht immer ein lebensbedrohlicher Notfall sein. Das Handy kann auch im ganz normalen Alltag sehr hilfreich sein. Zum Beispiel, wenn das Kind den letzten Bus verpasst hat, oder auf Ausflügen, bei Zugfahrten und im Landschulheim, wenn es über einen längeren Zeitraum allein unterwegs ist und sich unsicher fühlt.

TIPPS FÜR DIE PRAXIS

Notruftaste

Es gibt inzwischen auch Handys, die über spezielle Tasten für den Notfall verfügen (www.vitaphone.de). So verbinden diese Handys auf Knopfdruck beispielsweise mit Polizei, Notarzt, Feuerwehr oder Angehörigen und lokalisieren den Standort des Anrufenden auf bis zu 15 Meter genau.

Kurzwahl

Jedes noch so einfache Handy verfügt heute über die Möglichkeit, eine begrenzte Anzahl an Rufnummern als Kurzwahl zu speichern. Das ist vor allem dann sehr praktisch, wenn es besonders schnell gehen muss.

→ **Kurzwahl** siehe Glossar

Wichtige Rufnummern

Überprüfen Sie die im Handy gespeicherten Kurzwahlnummern regelmäßig auf Vollständigkeit und Aktualität.
Rufnummern für den Notfall:

- Eltern
- Großeltern oder andere erwachsene Bezugspersonen
- Polizei (110)
- Feuerwehr und internationaler Notruf (112).

Internationaler Notruf

Unter der 112 ist auch ohne Länderkennung und Vorwahl in allen EU-Mitgliedstaaten und vielen anderen Ländern eine Notrufzentrale zu erreichen. 112-Anrufe sind kostenfrei und meist selbst dann möglich, wenn

- kein Pin eingegeben ist
- keine Sim-Karte im Handy steckt
- die Tastensperre aktiviert ist
- die Prepaid-Karte kein Guthaben mehr aufweist.

→ **Sim-Karte/ Prepaid-Karte** siehe Glossar

Unter 112 eingehende Notrufe werden automatisch an die nächste Rettungszentrale weitergeleitet. Wird kein Pin eingegeben, sucht sich das Handy automatisch das stärkste Netz in der Umgebung und schickt den Notruf mit höchster Priorität durch das Mobilfunknetz weiter. Steckt eine Sim-Karte im Telefon, kann der Anrufende über den Netzbetreiber sogar lokalisiert werden (siehe „Standortbestimmung“, unten).

Achtung: Missbrauch

Rund 80 Prozent aller bei den Rettungsleitstellen eingehenden Notrufe kommen von Kindern oder Jugendlichen, die nur aus Jux und Tollerei einen Notruf absetzen. Missbräuchliche Notrufe können sehr teuer werden. Rettungsleitstellen sehen die Nummer des Anrufers auf ihren Bildschirmen.

3 STANDORTBESTIMMUNG: Big Mama is watching you

Dass Hänsel und Gretel so schnell von der Polizei aufgespürt wurden, liegt daran, dass es heute zwei verschiedene technische Methoden gibt, die es erlauben, den Standort eines Handys mehr oder weniger genau zu lokalisieren. Vorausgesetzt, es ist eingeschaltet.

GPS – Was ist das?

GPS steht für Global Positioning System. Es wurde ursprünglich für militärische Zwecke konzipiert, ist inzwischen aber auch für den zivilen Einsatz freigegeben. GPS-fähige Handys können die Zeit- und Positionssignale erdumkreisender Navigationssatelliten empfangen und so den eigenen Standort auf wenige Meter genau ermitteln. Ist ein Kind in einer Notfallsituation nicht in der Lage, seinen Standort zu benennen, kann GPS sehr hilfreich sein.

→ GPS siehe Glossar

Funkzellen helfen

Die Mobilfunknetze der Netzbetreiber sind in einzelne Funkzellen aufgeteilt, über die die Gespräche weitergeleitet werden. Mithilfe der so genannten gesprächsführenden Funkzelle kann der ungefähre Aufenthaltsort der Gesprächsteilnehmer ermittelt werden. Die Genauigkeit hängt dabei allerdings vom Standort ab. In Innenstädten erfolgt die Lokalisierung bis auf wenige Meter genau. In ländlichen Bereichen sind die Funkzellen meist größer, sodass die Trefferquote entsprechend ungenauer ist.

TIPPS FÜR DIE PRAXIS

Standortbestimmung

Die technischen Möglichkeiten zur Lokalisierung von Mobilfunkteilnehmern werden nicht mehr nur von Polizei und Rettungsdiensten eingesetzt. Netzbetreiber und andere Dienstleister (www.trackyourkid.de) bieten ihren Kunden die Standortbestimmung per Funkzelle inzwischen auch als kostenpflichtigen Service an. In der Regel gibt der Suchende die Rufnummer per Internet ein und erhält als Ergebnis den Standort des Mobilfunkteilnehmers. Das macht pro Suche 49 Cent aufwärts.

Datenschutz

Auch Kinder und Jugendliche brauchen ihren Freiraum. Darum empfiehlt es sich nicht, ihnen permanent hinterherzusimsen oder nachzuspionieren. Eine Lokalisierung sollte nur in Absprache mit dem Kind eingesetzt werden. Denn: In der Regel wird ein Mobilfunkteilnehmer vom Netzbetreiber per SMS informiert, sobald sein Handy lokalisiert wurde. Kinder könnten sich als Folge ihren Freiraum selbst nehmen, indem sie ihr Handy einfach abschalten. Dann lassen sie sich weder lokalisieren noch können sie im Notfall einen Hilferuf senden.

→ **SMS**
siehe Glossar

4 KOMMUNIKATOR: Bei Verabredungen die erste Wahl

Früher radelten Kinder bei Langeweile mal schnell beim besten Freund vorbei. Heute verabreden sich immer mehr Jugendliche per Mobiltelefon. Unter anderem, weil

- der beste Freund in einem ganz anderen Stadtteil wohnt;
- Jungen oder Mädchen auf dem Handy auch während des Klavierunterrichts oder der Nachhilfestunde erreichbar sind und dank SMS und Mailbox nicht mehr verpassen, wenn sich die Freunde im Schwimmbad verabredet haben;
- sich die Freizeitplanung bis zum letzten Moment offen halten lässt.

→ **Mailbox**
siehe Glossar

Auch wenn die neue Kommunikationskultur der Jugendlichen gewöhnungsbedürftig ist: Kinder, die kein Handy haben, finden oft nur schwer den Anschluss, weil sie die Freizeitaktivitäten der Freunde oder Klassenkameraden überhaupt nicht mitbekommen.

5 LERNEN FÜR MORGEN: Kinder haben keine Angst vor Technik

Auch Computer und Internet lösten bei Eltern und Pädagogen jahrelange Debatten über das Für und Wider aus. Heute sind sie selbst aus Kindergarten und Schule nicht mehr wegzudenken.

Ob Computer, Internet oder Handy: Spätestens im Berufsleben sind die Neuen Medien allgegenwärtig. Kindern fällt es leichter als Erwachsenen, neue Techniken zu beherrschen und nicht von ihnen beherrscht zu werden – wenn Eltern ihnen den kritischen Umgang damit beibringen.

6 EIGENVERANTWORTUNG: Das Taschengeld will sinnvoll eingeteilt sein

Abstruse Klingeltöne und Feuer speiende Drachen, die auf dem Display herumhampeln, actionreiche Spiele und aktuelle Sportmeldungen: Das Handy ist längst nicht mehr nur ein mobiles Telefon. Es ist vielmehr ein einziger Vergnügungspark, der sich ganz nach eigenem Geschmack gestalten lässt.

Nicht das Telefonieren treibt die laufenden Kosten erschreckend in die Höhe. Es ist das ganze Drumherum, das viele Jugendliche in die Schuldenfalle tappen lässt. Das muss nicht sein. Inzwischen gibt es viele Tarifmodelle, die es erlauben, sinnvolle Obergrenzen zu setzen (siehe Seite 29 ff). Der Deutsche Kinderschutzbund etwa empfiehlt so genannte Prepaid-Karten, bei denen immer nur ein vorher eingezahltes Guthaben genutzt werden kann. Ist die Karte vor der verabredeten Zeit leer, sollten Eltern sie nicht gleich wieder aufladen. Schließlich müssen Kinder früh lernen, dass das einem zur Verfügung stehende Geld begrenzt ist.

2 WAS KANN EIN HANDY?
Von SMS bis Push to Talk

Spätestens, wenn der Verkäufer mit Begriffen wie MMS, Bluetooth oder Push to Talk für ein bestimmtes Modell wirbt, ist es an der Zeit, sich mit den aktuellen technischen Möglichkeiten eines Handys und seinen Vor- und Nachteilen vertraut zu machen. Denn ein Mobiltelefon ist nicht allein zum Telefonieren da.

→ **MMS/Bluetooth/ Push to Talk** siehe Glossar

WAS IST SMS?

Ein kurzes Klingeln signalisiert: Auf dem Handy ist eine neue Kurznachricht eingegangen, eine so genannte SMS. SMS kommt aus dem Englischen und steht für Short Message Service – zu Deutsch: Kurzmitteilungsservice.
Jugendliche lieben es, mit flinkem Daumen auf winzigen Tasten zu plaudern, zu flirten und manchmal auch zu dichten. Und das bei einer maximalen Länge von 160 Zeichen. Wenn der Platz nicht ausreicht, werden einfach mehrere Botschaften hintereinander abgeschickt, ans nächste Handy, an ein SMS-fähiges Festnetztelefon oder an eine Mailadresse.

Schnell und unkompliziert:
Die Kurznachricht

- wo bist du gerade? ;-)
- komme 10 min später. BBB
- sabine hat grade angerufen. *freu*
- bin im westside. kommste?

Immer beliebter werden auch Newsletter, die per SMS auf dem Handy eintreffen und dessen Besitzer unterwegs über das Wetter von morgen und die jüngsten Sportergebnisse informieren.

TIPPS FÜR DIE PRAXIS

Must have

Ein Handy muss nicht viel können, mindestens aber SMS. Zwei Drittel aller Jugendlichen versenden bis zu fünf Kurznachrichten täglich. Vor Abschluss eines Mobilfunkvertrags sollten deshalb unbedingt die SMS-Gebühren unterschiedlicher Netzbetreiber miteinander verglichen werden. Nach einer vom Österreichischen Institut für Jugendforschung durchgeführten Studie simsen Mädchen übrigens etwas mehr als Jungen.

Äußere Form

Eine SMS muss schnell gehen. Daher werden Groß- und Kleinschreibung nur selten beachtet. Auch Grammatik, Zeichensetzung und Rechtschreibung spielen leider nur eine untergeordnete Rolle.

Emoticons, Inflektive und Akronyme

Um die eigene Stimmung oder den Tonfall eines Gesprächs auszudrücken, verwenden Kinder gerne so genannte Emoticons und Inflektive:

- :-) und :-(drücken aus, dass der Absender gerade glücklich oder traurig ist
- :-D steht für „lachen“
- :-0 drückt Überraschung aus
- *g* steht für „grins“
- *fg* steht für „frech grins“
- *freu* für „sich freuen“.

Aus Platzgründen werden häufig auch Akronyme verwendet. Das sind Abkürzungen, die einen Begriff oder Satz auf seine Anfangsbuchstaben reduzieren, wie zum Beispiel:

- LG steht für „Liebe Grüße“
- PP steht für „Persönliches Pech“
- ADAADS steht für „Aus den Augen, aus dem Sinn“.

Verdammt schnell

Der schriftliche Dialog mit Wortschnipseln hat einen großen Nachteil: Wut und Ärger, per SMS abgeschickt, lassen sich viel schwerer wieder revidieren als im mündlichen Gespräch. Da kann schon mal die eine oder andere Träne fließen.

→ **Emoticons/ Inflektive/Akronyme** siehe Glossar

→

Zu Hause und auf Reisen
Eine SMS zu empfangen ist in der Regel kostenfrei. Nur für den Versand werden Gebühren berechnet.

SMS-Dienste
Newsletter sind praktisch für unterwegs – wenn echte Fans zum Beispiel sofort nach Abpfiff einer Fußballpartie das Ergebnis auf dem Handy lesen möchten –, können aber auf Dauer ganz schön ins Geld gehen.

→ Elektrosmog siehe Glossar

Elektrosmog
SMS schützen den Kopf des Kindes vor hautnahem Elektrosmog, weil er sich beim Schreiben und Empfangen weit entfernt von der Antenne des Handys befindet (siehe Seite 48 f).

WAS IST MMS?

Rein technisch gesehen ist der beschriebene Kurznachrichtendienst SMS längst Schnee von gestern. Denn fast alle heute angebotenen Handys können nicht nur Textnachrichten mit mehr als 160 Zeichen übermitteln, sondern ganze Poesiealben mit Foto oder Video und Ton. MMS eben. MMS kommt ebenfalls aus dem Englischen und steht für Multimedia Message Service.

TIPPS FÜR DIE PRAXIS

Komm und mims mit mir!
MMS klingt zwar bunt und verspielt, wird aber von Kindern im Vergleich zur SMS eher selten genutzt.

Fotofalle

Im Urlaub sollten gerade Erwachsene immer eine aktuelle Preisliste ihres Netzbetreibers bei sich haben. Denn dort fällt den Kindern meistens ein, dass sich Strandburg und Meeresrauschen ja mit der im Handy integrierten Kamera einfangen und gen Heimat schicken lassen. Und das kann die nächste Rechnung immens in die Höhe treiben.

MMS an Postkarte
Lustig sind die Möglichkeiten rund um MMS allemal. Die Strandburg lässt sich zum Beispiel vom Handy aus auch als richtige Postkarte versenden. Druck und Versand übernimmt gegen Gebühr der Netzbetreiber. Ton spielt die mobile Postkarte allerdings nicht ab. :-)

WAS IST UMTS?

Internet auf dem Handy scheiterte bislang aus zwei Gründen:

- an den viel zu kleinen Displays;
- an der Tatsache, dass sich große Datenpakete nur im Schneckentempo durch die klassischen Mobilfunknetze bewegen.

Mit dem Ausbau der Funknetze und der Einführung von UMTS haben die Netzbetreiber die Schallgrenze durchbrochen. UMTS ist übrigens die Abkürzung für Universal Mobile Telecommunications System.
Es ist sogar schneller als ISDN, sodass jetzt nahezu jeder mit dem Handy auch problemlos im Internet surfen, Musik herunterladen und umfangreiche Mails abrufen kann.
Allerdings scheitert die Sache – zumindest für Kinder – im Moment noch am Preis. Das K.-o.-Kriterium sind die laufenden Kosten. Ähnlich wie beim Telefonieren wird auch die Internet-Nutzung in Zeiteinheiten abgerechnet. Die Kosten können jedoch stark differieren – je nach Wahl des Anbieters und des Tarifs.

Datenturbos im Vergleich

ISDN:	64 Kilobit pro Sekunde
GPRS:	115 Kilobit pro Sekunde
UMTS:	2 Megabit pro Sekunde
DSL:	8 Megabit pro Sekunde

Anmerkung: Die Datenübertragungsgeschwindigkeiten können je nach Netzbetreiber stark variieren.

WAS IST GPRS?

Ausgeschrieben bedeutet GPRS General Packet Radio Service. Dieser paketbasierte Mobilfunkstandard wird derzeit am häufigsten auf dem Handy eingesetzt, um im Internet zu surfen. Von der Geschwindigkeit her liegt er zwischen ISDN und UMTS.
Bei vielen Anwendungen auf dem Handy merkt der Anwender überhaupt nicht, dass im Hintergrund GPRS zum Einsatz kommt. Zum Beispiel bei der Übertragung von MMS (siehe Seite 18 f) und bei Push to Talk.

WAS IST PUSH TO TALK?

Viele Handys lassen sich ähnlich wie ein Walkie-Talkie nutzen. In einer Liste auf dem Handy werden alle Teilnehmer eingetragen, die an der „Gruppenkommunikation" teilhaben sollen. Mit einem Tastendruck (Push) wird die Verbindung aufgebaut, dann können Sprachnachrichten verschickt werden (Talk). Die Teilnehmer müssen sich dabei nicht – wie beim Walkie-Talkie – in einer bestimmten Reichweite aufhalten.
Allerdings kann beim Push to Talk immer nur einer sprechen, alle anderen müssen sich mit dem Zuhören begnügen.

Wenn Sie ohnehin die Neuanschaffung eines Handys planen, sollte es die relativ junge Push-to-Talk-Technologie möglichst beherrschen. In den USA, wo Push to Talk schon seit einigen Jahren angeboten wird, ist die Nachfrage insbesondere bei der Jugend sehr groß.
Ebenfalls interessant: Zuhören kostet nichts. Die Netzbetreiber rechnen nur die aktive Redezeit ab.

WAS IST BLUETOOTH?

Manche technischen Bezeichnungen haben eine derart nette Geschichte, dass sie unbedingt erzählt werden muss. Bluetooth zum Beispiel. Der Name geht auf einen Wikingerkönig im zehnten Jahrhundert zurück: Harald der Zweite trug einer Legende nach den Beinamen Blauzahn (englisch: bluetooth), weil er bevorzugt Blaubeeren aß und sich das an der Farbe seiner Zähne sichtbar bemerkbar machte. Dass die Firma Ericsson einer Funktechnologie diesen Namen gab, hat aber vielmehr damit zu tun, dass König Blauzahn einst gemeinsam mit seinen Verbündeten Dänemark und Norwegen vereinte.
Bluetooth verbindet zwar keine Länder, aber verschiedene Geräte: ohne Kabel. Zum Beispiel Handy und Computer, Handy und Drucker, Handy und Handy.
Dies ist beispielsweise sehr hilfreich, wenn eine Adressdatenbank vom Computer aufs Handy

kopiert wird, wenn auf dem Handy gespeicherte Fotos auf PC oder Drucker übertragen werden oder wenn gemeinsam mit Freunden gespielt wird.

TIPPS FÜR DIE PRAXIS

Die Preisfrage

Bluetooth ist eine der wenigen Technologien auf dem Handy, die äußerst praktisch ist und dennoch keine Kosten verursacht.

Reichweite

Der Abstand zwischen den Geräten darf zehn Meter nicht überschreiten. Auch die Übertragungsraten sind begrenzt. Werden größere Datenmengen von einem Handy aufs andere übertragen, ist auf jeden Fall Geduld gefragt.

Elektrosmog

Bluetooth-Chips erzeugen zwar nur eine geringe Wärme, funken aber ähnlich wie Handys und Mikrowellengeräte im hohen Frequenzbereich. Hinsichtlich Elektrosmog ist die alternative Datenübertragung über die ebenso kabellos funktionierende Infrarot-Schnittstelle weniger bedenklich. Allerdings ist hier eine direkte Sichtverbindung zwischen den Geräten notwendig.

WAS IST BLACKBERRY?

Diese Technologie ist vor allem für Jugendliche interessant, die sehr viel über E-Mail kommunizieren. Blackberry ermöglicht es, sich seine elektronischen Nachrichten aus der Mailbox im Internet aufs Handy weiterleiten zu lassen. Und zwar durch ein so genanntes Push-Verfahren in Echtzeit. Allerdings sind dafür spezielle Handys mit einer dem Qwertz-Standard folgenden Tastatur oder zumindest solche, die mit dieser Software arbeiten, vonnöten.

→ **Qwertz** siehe Glossar

FOTOGRAFIE: MUSS DAS SEIN?

Manchmal wird sie aufgesteckt, meistens ist sie aber direkt im Gehäuse des Mobiltelefons integriert. Es gibt kaum mehr ein Handy, das ohne Digitalkamera angeboten wird. Die Idee dahinter ist eine ganz einfache: Wer Schnappschüsse auf seinem Handy hat, will diese auch verschicken oder archivieren. Und das kostet! Die Netzbetreiber erhofften sich mit Fotohandys eine lukrative Einnahmequelle. Entgegen den Erwartungen wird das Verschicken von Fotos bislang aber nur zögerlich von den Handykunden angenommen.

TIPPS FÜR DIE PRAXIS

Hobbyfotografie

Auch wenn sie die Bilder meist nicht verschicken, macht es Kindern einen Heidenspaß zu fotografieren. Aus diesem Grund ist eine integrierte Kamera nie verkehrt.

Mythos Megapixel

Fotohandys haben allein wegen der Größe der Kamerabauteile eine schlechtere Qualität als Digitalkameras. Entscheidend ist eben nicht nur die Anzahl der so genannten Pixel, also das Auflösungsvermögen der Kamera, sondern auch die Größe des Bildsensors und der optischen Linse.

Digitale Fotoalben

Irgendwann ist der Speicher voll. Spätestens dann müssen Fotos gelöscht oder ausgelagert werden. Ein optimales Archiv ist die Festplatte des PCs, weil sich die Daten per Bluetooth (siehe Seite 22 f) oder Infrarot-Schnittstelle unkompliziert und kostenfrei auf den Rechner übertragen lassen. Wer keinen PC besitzt, kann sich im Internet ein digitales Fotoalbum anlegen. Allerdings werden für jedes Bild, das per MMS (siehe Seite 18 f) vom Handy ans Archiv geschickt wird, MMS-Gebühren fällig.

VIDEOS

Einige Handyhersteller bieten für ihre Fotohandys Software an, die es ermöglicht, neben Schnappschüssen auch Videos aufzunehmen. Die Qualität der Aufnahmen lässt aber noch derart zu wünschen übrig, dass davon eher abzuraten ist.

MUSIK

Ein Handy lässt sich nicht nur als Telefon, Fotoapparat und Videokamera einsetzen, sondern auch als Radio und tragbares Musikabspielgerät. Neuere Geräte bieten Speicherplatz für mehrere hundert Songs und leistungsfähige Akkus. Allerdings ist es meistens günstiger, ein separates Radio oder einen MP3-Player zu erwerben.
Hier hilft nur ein aktueller Preisvergleich.

→ MP 3
siehe Glossar

SPIELE

So viel vorweg: Mit einem Gameboy, geschweige denn mit einer X-Box oder einer Playstation kann sich ein Handy nicht messen. Dennoch können Spiele auf dem Handy dazu beitragen, dass so manche Auto- oder Zugfahrt schneller vergeht.

TIPPS FÜR DIE PRAXIS

Mehrspielermodus

Idealerweise verfügt das Handy über eine Bluetooth-Schnittstelle (siehe Seite 22 f), damit die Kinder auf ihren Handys mit- beziehungsweise gegeneinander spielen können.

Aber bitte mit Farbe!

An der Qualität des Displays sollte man aus Rücksicht auf die Augen der Kinder nicht sparen. Und aus Rücksicht auf den Spaßfaktor auch an der Farbe nicht.

Die dritte Dimension

Die Spiele sind meistens sehr einfach gestrickt und damit nicht für lange Spielnachmittage geeignet – was ja nicht unbedingt verkehrt sein muss. Einige Geräte sind bereits in die dritte Spiele-Dimension vorgedrungen, haben dem Handy jedoch eine fürs Telefonieren ungewöhnliche Architektur aufgezwungen. Spiele für solche Geräte kosten oft das Doppelte wie Java-basierte Spiele aus dem Internet.

→ **Java**
siehe Glossar

Nachschub
Kinder wissen aus den Werbepausen im Fernsehen ganz genau, wo sie neue Spiele herbekommen: aus dem Internet oder per SMS. Im Vergleich zu Konsolenspielen und Klingeltönen sind sie günstig.

FERNSEHEN

→ UMTS siehe Glossar

Keine Frage. Die „Glotze“ fürs Handy ist seit UMTS ganz stark im Kommen, für Kinder aber aufgrund der hohen Preise und der kleinen Bildschirme absolut kein Thema. Auch wenn einige Jugendsendungen wie GZSZ bereits auf dem Handy zu empfangen sind.

INTERNET

→ GPRS siehe Glossar

Internet auf dem Handy ist nur mit teurem GPRS oder UMTS wirklich sinnvoll. Daher gilt das Gleiche wie fürs Fernsehen: für Kinder aufgrund der hohen laufenden Kosten noch kein Thema.

3 WELCHER TARIF FÜR WELCHES KIND?

Die Tarifmodelle

Je nachdem, welches Gesprächsvolumen man zulassen will und welche Freiheiten man seinem Kind beim Umgang mit dem Handy geben möchte, empfehlen sich verschiedene Tarifmodelle. Die derzeit maximal mögliche Sicherheit bieten Kinder-Partnerkarten (siehe Seite 33).
Für alle Tarifmodelle gilt: Sie werden fast immer in Kombination mit einem subventionierten Handy angeboten. Das heißt: In Verbindung mit einem Vertragsabschluss zahlt der Kunde nicht den vollen Preis für das Mobiltelefon selbst. Das für den Vertragspartner entstandene Defizit wird über monatliche Grundgebühren abgerechnet.
Als Grundregel gilt: Je länger die Vertragslaufzeit, desto günstiger ist das Handy bei Vertragsabschluss beziehungsweise desto günstiger ist die monatliche Grundgebühr.

PREPAID-KARTE: Für Wenigtelefonierer

Die wieder aufladbare Guthabenkarte ist die bei Kindern und Jugendlichen am häufigsten eingesetzte Alternative zum Laufzeitvertrag. 89 Prozent der Kinder telefonieren laut dem Institut der Jugendforschung mit einer so genannten Prepaid-Karte. Je älter die Kinder sind, desto

Prepaid-Karten
Je nach Anbieter werden Prepaid-Karten unter den Namen Xtra (D1), Callya (D2), Free & Easy (E-Plus) und Loop (O2) angeboten.

mehr von ihnen steigen auf einen Laufzeitvertrag um. Bei Jugendlichen sind es nur noch 59 Prozent, die mit Prepaid-Karte telefonieren. Das Prepaid-Prinzip ist denkbar einfach und transparent. Die Karte erhält der Kunde in Kombination mit einem Handy oder einer einmaligen Anschlussgebühr und einem Startguthaben von zirka zehn bis 15 Euro. Ist das Startguthaben abtelefoniert, lässt sich die Karte fortan jederzeit wieder aufladen: mit Pin-Codes, die nicht nur beim Mobilfunkbetreiber, sondern inzwischen sogar in der Tankstelle und im Supermarkt erhältlich sind.

VORTEILE UND NACHTEILE

Vorteile Prepaid-Karte
- keine Vertragsbindung, nur Registrierung
- keine Grundgebühr
- transparente Kostenkontrolle
- kann auch von Kindern gekauft werden.

Nachteile Prepaid-Karte
- hohe Gesprächsgebühren, vor allem in der Hauptzeit
- Gebühren werden im Voraus bezahlt
- Guthaben verfällt bei Nichtnutzung nach einem Jahr

- nur wenige Handys stehen zur Auswahl
- Anschaffungskosten für das Handy sind vergleichsweise hoch
- ein subventioniertes Handy ist oft nur in Kombination mit der Prepaid-Karte nutzbar (Sim-Karten-Lock)
- manche Leistungsmerkmale wie Telefonieren im Ausland lassen sich nicht oder nur eingeschränkt nutzen.

Empfehlenswert
Für kleinere Kinder, die vor allem erreichbar sein sollen, selbst aber nur selten telefonieren.

→ **Sim-Karten-Lock** siehe Glossar

LAUFZEITVERTRAG: Für Vieltelefonierer

Bei einem Laufzeitvertrag geht der Telefonkunde eine feste Vertragsbindung über einen festgelegten Zeitraum ein. Dafür profitiert der Kunde von günstigeren Handys und günstigeren Gesprächsgebühren.

VORTEILE UND NACHTEILE

Vorteile Laufzeitvertrag
- günstige Gesprächsgebühren
- preiswerte Handys
- viele Handymodelle zur Auswahl
- alle Services nutzbar.

→

Nachteile Laufzeitvertrag

- monatliche Grundgebühr, auch wenn nicht telefoniert wurde
- während der Mindestvertragslaufzeit ist kein Anbieterwechsel möglich
- wird der Vertrag nicht rechtzeitig gekündigt, verlängert er sich automatisch um bis zu zwölf Monate
- manchmal festgelegte Mindestumsätze.

Empfehlenswert

Für Jugendliche, die bei der Auswahl des Handys bereits sehr kritisch sind, alle Services nutzen wollen und viel telefonieren.

PARTNERKARTE: Elternteil und Kind vereint unter einem Vertrag

Ein Vertrag, zwei Karten. Hat die Familie bereits einen Laufzeitvertrag abgeschlossen, kann eine Partnerkarte für das Kind sinnvoll sein. Sie ist von der Hauptkarte völlig unabhängig, wird aber über den Hauptvertrag abgerechnet.

VORTEILE UND NACHTEILE

Vorteile Partnerkarte

- ermäßigte Grundgebühr oder ein festgelegter Mindestumsatz

- günstige Gesprächsgebühren, besonders bei Telefonaten zwischen dem Inhaber der Hauptkarte und dem der Partnerkarte.

Nachteile Partnerkarte

- Handys oft nur zum vollen Preis
- weitere Nachteile siehe „Laufzeitvertrag“, Seite 32.

Empfehlenswert

Für Jugendliche, die bereits ein Handy besitzen und viel telefonieren.

KINDER-PARTNERKARTE: Sperre für Mehrwertnummern

Spezielle Angebote zielen vor allem darauf ab, den Eltern die Kostenkontrolle zu erleichtern. Mit der CombiCard Teens von T-Mobile, die als Zusatzkarte zu bereits bestehenden Laufzeitverträgen erworben werden kann, sind beispielsweise 0190- und 0137-Nummern sowie andere Sonderrufnummern automatisch gesperrt. Außerdem können Eltern auch das Handy ihrer Kinder so konfigurieren, dass sich teure SMS-Dienste, Downloads von Klingeltönen oder Logos nicht aktivieren lassen. Auch die CallYa-Juniorkarte von Vodafone weist ähnliche Sperrfunktionen wie die CombiCard Teens auf, basiert aber auf dem Prepaid-Prinzip (siehe Seite 29 ff).

4 UND WAS JETZT?
Kauf und Vertragsabschluss

Sie kennen die diversen Handy-Technologien und Sie haben sich für eines der Tarifmodelle Laufzeitvertrag, Prepaid-Karte oder Partnerkarte beziehungsweise Kinder-Partnerkarte entschieden. Jetzt gilt es herauszufinden, welches Handy Ihr Kind bevorzugt und ob Sie dies auch unterstützen möchten. Danach kann die Suche nach dem günstigsten Anbieter beginnen.

MODELLSUCHE: Welches Handy passt zu meinem Kind?

Mit Handys ist es wie mit Klamotten, Musik und Spielzeug. Heute muss es unbedingt eine Jeans mit Schlag, Robbie Williams und Diddl sein, zwei Wochen später ist genau das nur noch peinlich.
Ausgefallene Designs wie Klappmechanismen oder ungewöhnlich angeordnete Ziffernfelder sollten nur mit Vorsicht in die engere Auswahl einbezogen werden. Auf lange Sicht bewährt sich meist ein klassisches, handliches Handy.
Alle vier Netzbetreiber in Deutschland, E-Plus, O2, T-Mobile und Vodafone, sowie deren Vertragspartner bieten in Kombination mit einem Laufzeitvertrag SMS-fähige Handys bereits ab zehn Euro an. Meist sogar inklusive Kamera.

Allerdings gibt es einige Modelle während der ersten Monate der Markteinführung oft nur exklusiv bei einem bestimmten Netzbetreiber.

TIPPS FÜR DIE PRAXIS

Ausstattung
SMS, Kamera, MMS und Bluetooth sind Pflicht. Alles, was danach kommt, zum Beispiel Push to Talk, ist die Kür, die sich entsprechend im Preis bemerkbar macht.

SAR-Wert
Um die Strahlungsbelastung, der das Kind künftig ausgesetzt ist, auf ein Minimum zu reduzieren, sollte der SAR-Wert nicht über 0,6 Watt/Kilogramm liegen (siehe Seite 47).

→ **SAR** siehe Glossar

Erfahrungsaustausch
Laden Sie die Freunde Ihres Kindes ein und lassen Sie sich deren Modelle vorführen. So finden Sie schnell heraus, wo die Vor- und Nachteile der Handys liegen.

Angebote sichten
Alle vier Netzbetreiber stellen die aktuellen Modelle in ihren Geschäften aus. Lassen Sie sich die in Frage kommenden Geräte vorführen und probieren Sie sie vor Vertragsabschluss gemeinsam mit Ihrem Kind aus.

... UND FÜR DIE GANZ KLEINEN:
Das Kinder-Handy

Wer will, nimmt auch das aus Asien stammende, speziell für Kinder entwickelte Handy MyMo in die engere Auswahl. Es kann nicht viel, aber gerade damit wirbt ja auch der Hersteller (www.mymo-phone.de).

Fünf Rufnummern passen ins Adressbuch, die Anwahl erfolgt über eine der drei farbigen Tasten. SMS lassen sich weder senden noch empfangen. Auch für neue Klingeltöne und Logos ist das Handy gesperrt. Teurer Missbrauch ist damit zwar ausgeschlossen, viel Freude werden Kinder mit diesem Telefon allerdings nicht wirklich haben. Hier empfiehlt sich zum gleichen Zweck vielmehr eine Kinder-Partnerkarte (siehe Seite 33).

Einzig für Vorschulkinder, die Mütter und Väter permanent erreichen oder notfalls auch orten möchten und die gegebenenfalls einen Notruf absetzen oder die Eltern anrufen können sollen, ist das einfach zu bedienende Drei-Tasten-Handy eine sinnvolle Alternative zum voll ausgestatteten Handy.

MyMo ist für zirka 90 Euro (ohne Vertrag) zu haben und funktioniert mit Prepaid-Karte, Laufzeitvertrag und Partnerkarten (siehe Seite 29 ff). Nach dem gleichen Prinzip funktioniert auch das weniger schicke, aber vom Deutschen Kinderschutzbund empfohlene Kinder-Handy Mobi-Click (www.mobi-click.com).

DER TARIFDSCHUNGEL: Ein Wegweiser

Bei der Wahl des günstigsten Anbieters ist nicht nur der Preis des Handys entscheidend. Auch die einmaligen Anschaffungskosten und die laufenden Kosten der einzelnen Tarifangebote sollten miteinander verglichen werden.

TIPPS FÜR DIE PRAXIS

Gesprächs- und SMS-Volumen ermitteln
Sprechen Sie mit Bekannten oder Freunden, deren Kinder schon länger mit dem Handy telefonieren, und versuchen Sie zu ermitteln, wie viel Ihr Kind pro Monat voraussichtlich ins Festnetz oder zu anderen Handys telefonieren und wie viele SMS es versenden wird.

Angebote einholen
Besorgen Sie sich die aktuellen Preislisten der vier Netzbetreiber oder ihrer Vertragspartner.

Tarifvergleich
Prüfen Sie nun auf Basis des ermittelten Gesprächsvolumens für jeden der vier Netzbetreiber:
Einmalige Anschaffungskosten

- Handy
- Anzahl der Spiele und Klingeltöne
- Anschlussgebühren.

Laufende Kosten

- monatliche Grundgebühr
- Gebühren für Gespräche ins Festnetz, ins eigene Netz und in andere Mobilfunknetze, ins Ausland; jeweils in den Haupt- und Nebenzeiten
- Taktzeiten (je kürzer, desto genauer wird die Dauer eines Gesprächs erfasst): Ideal ist ein Sekundentakt ohne Aufpreis
- SMS-Gebühren
- MMS-Gebühren
- Gebühren für Mailbox-Abfragen.

Vertragslaufzeit

Je länger die Vertragslaufzeit, desto günstiger ist das Handy in der Anschaffung. Ein nicht gekündigter Vertrag verlängert sich meist automatisch um weitere sechs bis zwölf Monate. Bei Vertragsverlängerung bekommt der Kunde in der Regel ein neues kostengünstiges Handy vom Vertragspartner. Dass er ein neues Handy möchte, sollte der Kunde einige Wochen vor Ablauf des bestehenden Vertrags beim Anbieter ankündigen.

Vertragsabschluss über Internet

Die meisten Netzbetreiber bieten bei einem über das Internet abgeschlossenen Vertrag einen Preisnachlass auf Gesprächsgebühren und SMS oder ein bestimmtes Freikontingent.

GEBRAUCHTE HANDYS: eBay und Co.

Manchmal kann es besser sein, bei Vertragsabschluss auf ein kostengünstiges Handy des Anbieters zu verzichten und ein gebrauchtes Gerät separat zu erwerben. Vor allem dann, wenn der grundsätzlich günstigste Netzbetreiber das vom Kind gewünschte Handy nicht im Angebot hat. Damit reduzieren sich automatisch die monatliche Grundgebühr und die Vertragslaufzeit.

TIPPS FÜR DIE PRAXIS

Sim-Karten-Lock

Lassen Sie sich vom Verkäufer bestätigen, dass das gebrauchte Handy mit dem von Ihnen bevorzugten Netz auch funktioniert. Subventionierte Handys sind oft nur in Kombination mit der Sim-Karte des Erstkäufers nutzbar (Sim-Karten-Lock).

Abgestempelt

Kinder sind sehr kritisch, was das Aussehen ihres Handys angeht. Prüfen Sie deshalb immer, ob dem angebotenen Handy ein Werbelogo des Netzbetreibers oder Ähnliches aufgestempelt wurde.

5 TAPETENWECHSEL

Selbst gemachte Klingeltöne und Display-Verzierungen

Früher waren es Barbiepuppen, die man immer wieder neu eingekleidet hat, oder Autos, die man mit ein bisschen Farbe und bunten Aufklebern ganz nach eigenem Geschmack verziert hat. Heute sind es Klingeltöne, Logos und Displays, die den Kindern die Möglichkeit geben, ihr Spielzeug mit einer individuellen Note zu schmücken.

Ein kompletter Tapetenwechsel kann sinnvoll sein, wenn der Wunsch nach einem neuen Handy immer größer wird, obwohl das Ende der Vertragslaufzeit und damit ein subventioniertes, das heißt kostengünstiges, Gerät noch lange nicht in Sicht ist.

RINGRINGRING: Klingeltöne

„Schuldenfalle" und „Klingeltöne" sind in den Medien ein häufig zitiertes Wortpaar. Dabei muss es nicht immer ein teurer Klingelton von kommerziellen Anbietern sein. Die meisten Handys bieten die Möglichkeit, vorhandene Klingeltöne in Eigenregie zu erweitern.

TIPPS FÜR DIE PRAXIS

Toneditor im Handy
Ähnlich wie beim Schreiben einer SMS werden die Noten und die Pausen zwischen den Noten über die Tastatur eingegeben und anschließend abgespeichert.

Software für den PC
Es gibt auch Programme für den PC (z. B. www.ringtonemaker.de), die es ermöglichen, Lieder von CD auf dem PC einzulesen, dort zurechtzuschneiden und per Bluetooth, Infrarot oder USB-Kabel kostenlos auf das Handy zu übertragen.

KUNTERBUNT: Displays

Die meisten Handys verfügen über eine Kamera. Genutzt wird sie aber nur selten. Vor allem, weil das regelmäßige Versenden von Fotos das Taschengeld-Budget schnell sprengen würde. Viele Jugendliche wissen nicht, dass sich ihr Handy so einstellen lässt, dass bei einem eingehenden Telefongespräch automatisch ein Foto des Anrufers angezeigt wird.
Dabei macht das und ein täglich wechselndes Hintergrundbild viel mehr her, als ein teures neues Logo oder Hintergrundbild von kommerziellen Anbietern.

6 ELEKTROSMOG

Der aktuelle Stand der Wissenschaft

Bis heute ist nicht nachgewiesen, dass elektromagnetische Wellen, die ein Handy ausstrahlt, für Menschen schädlich sind. Allerdings ist auch das Gegenteil nicht belegt, weshalb das Bundesamt für Strahlenschutz so genannte Grenzwerte definiert hat. Kritiker befürchten jedoch, dass elektromagnetische Felder auch unterhalb dieser Grenzwerte negative biologische Auswirkungen haben. Dem Restrisiko sollten persönliche Schutzmaßnahmen entgegengesetzt werden.

ELEKTROSMOG: Was ist das eigentlich?

Er stinkt nicht, keiner kann ihn sehen, fühlen oder hören. Dennoch nimmt er stetig zu. Elektrosmog wird nicht nur durch Handys verursacht. Überall, wo elektrische Geräte wie Radios, Fernseher, Computer und Rasierapparate in Betrieb oder im Stand-by-Modus sind, überall, wo gesendet und gefunkt wird, und überall, wo Strom fließt, wird Elektrosmog an die Umwelt abgegeben. Tendenz steigend.
Einige der zitierten Geräte sind mit elektrischen oder magnetischen Feldern umgeben, andere senden hochfrequente elektromagnetische Wellen (über 100 Kilohertz) aus. Zum Beispiel das Handy. Ob der menschliche Körper diesem

künstlich verursachten elektrischen Wechselfeld gewachsen ist, kann bis heute nicht eindeutig beantwortet werden. Mögliche Langzeitfolgen sind zwar in der Diskussion. Bisher gibt es dafür aber keinen wissenschaftlichen Beweis.
Allerdings ist auch das Gegenteil nicht belegt: dass die Strahlenbelastung durch Elektrosmog keine negativen biologischen Folgen auf Körper und Geist des Menschen hat. Schließlich sind wir in unserem Sein und Tun von elektrischen Impulsen des Gehirns getrieben. Da ist es durchaus vorstellbar, dass künstliche elektromagnetische Felder und Wellen uns und unser Wohlbefinden auf irgendeine Art und Weise beeinflussen.
Weil ohne wissenschaftlichen Gegenbeweis zwangsläufig ein Risiko bestehen bleibt, empfiehlt das Bundesamt für Strahlenschutz insbesondere bei Kindern vielerlei Vorsichtsmaßnahmen (siehe Seite 48 ff). Aufgrund von Wachstums- und Reifungsprozessen könnten sie, so die Experten, viel empfindlicher als Erwachsene auf Elektrosmog reagieren.

STRAHLEND SCHÖN: Das Handy und der Sendemast

Handys sind nicht die einzigen Verursacher von Elektrosmog und doch werden sie und ihre Auswirkungen auf die Gesundheit am meisten diskutiert. Aus einem einfachen Grund: Elektromagnetische Wellen, die ein Handy und ein

Sendemast aussenden, liegen in einem hohen Frequenzbereich. Während sich von einem Haushaltsgerät ausgehende niederfrequente elektrische Felder leicht abschirmen lassen, können sich hochfrequente Felder von der Feldquelle, zum Beispiel einem Sendemast, ablösen und als Energiestrahl im Raum ausbreiten.

TIPPS FÜR DIE PRAXIS

Kopf weg vom Strahlenherd

Da sich mit zunehmender Entfernung von einer Sendeeinrichtung auch die Intensität der Strahlung reduziert, ist es ratsam, vor allem den Kopf von der Antenne des Handys fernzuhalten (siehe Seite 49) und sich möglichst nicht oder nicht zu lange in unmittelbarer Nähe eines Sendemasts aufzuhalten.

Wo stehen die Strahlungsquellen?

Die zirka 50 000 von den deutschen Netzbetreibern installierten Funkantennen sind nicht immer sofort erkennbar. Zum Beispiel die in U-Bahn-Eingängen angebrachten, nur 30 Zentimeter hohen Mikrozellen. Einen aktuellen Überblick über die Funkanlagen in Deutschland gibt die Datenbank der Bundesnetzagentur für Post und Telekommunikation im Internet. Sie finden sie unter http://emf.bundesnetzagentur.de

GEHIRNTUMOR: Wissenschaftler geben Entwarnung

Wissenschaftliche Studien zur Auswirkung der Handynutzung auf das Krebsrisiko haben ein Manko: Handys gibt es schon seit 20 Jahren, aber sie werden erst seit etwa zehn Jahren intensiv eingesetzt. Tumore brauchen aber oft mehr als zehn Jahre für ihre Entwicklung, weshalb wir gesicherte Erkenntnisse erst in einigen Jahren erwarten dürfen.

So haben zwar renommierte Wissenschaftler aus Kopenhagen erst vor kurzem eine beruhigende Zwischenbilanz ihrer Langzeitstudie vorgelegt, räumen aber selbst ein, dass der Zeitraum der Untersuchungen für einen wissenschaftlichen Beweis nicht ausreiche.

Das Team um Christoffer Johansen von der Dänischen Krebsgesellschaft hatte 822 Gesunde und 427 Patienten und ihr Telefonierverhalten in den vergangenen zehn Jahren untersucht. Am Ende zeigten sich keinerlei Unterschiede zwischen den Gesunden und den Patienten, die an einer der beiden Hirntumorarten Gliom und Meningeom erkrankt waren.

ÖKOLABEL: Aktuelle Grenzwerte in Deutschland

Die hochfrequente Strahlung eines Handys lässt sich in verschiedenen Maßeinheiten angeben. Das Bundesamt für Strahlenschutz hält die Spezifische Absorptionsrate (= SAR) einer Strahlungsquelle für maßgeblich, wenn es um die biologische Wirkung auf unseren Körper geht. Ein SAR-Wert gibt die Strahlungsleistung eines elektrischen Gerätes oder einer anderen Strahlungsquelle an, die der menschliche Kör-

per pro Kilogramm Gewebe aufnimmt. Sie wird in Watt pro Kilogramm notiert. Je niedriger der SAR-Wert, desto besser.
Auch der 1997 eingeführte Blaue Engel gibt Auskunft über die durch ein Handy verursachten Gesundheitsgefahren. Er wird durch die Jury Umweltzeichen vergeben und kennzeichnet vergleichsweise strahlungsarme Mobiltelefone. Allerdings ist er nur sehr selten auf einem Gerät zu finden. Nicht etwa, weil den meisten Handys diese Auszeichnung nicht zusteht, sondern weil ein solches Ökolabel nach Meinung der Handyhersteller nur zur Verunsicherung der Verbraucher führen würde. Deshalb verzichten die meisten auf eine Prüfung und Auszeichnung ihrer Handys.

TIPPS FÜR DIE PRAXIS

Wo finde ich den SAR-Wert?
Er wird basierend auf einer internen Vereinbarung der Gerätehersteller seit zirka vier Jahren in der Bedienungsanleitung des Handys angegeben. Darüber hinaus führt das Bundesamt für Strahlenschutz in regelmäßigen Abständen eine Erhebung der SAR-Werte von marktüblichen Handys durch. Sie kann im Internet abgerufen werden (www.bfs.de/elektro/hff/oekolabel.html).

Wo liegt die Obergrenze?
In Deutschland sind die Grenzwerte so festgelegt, wie sie von der Weltgesundheitsorganisation sowie nationalen und internationalen Strahlungsschutzkommissionen erarbeitet und vorgeschlagen wurden. Bei einem Handy sollte der SAR-Wert laut derzeitigem Stand nicht über 0,6 Watt pro Kilogramm liegen. Zwei Watt pro Kilogramm sind die absolute Obergrenze.

MESSGERÄTE FÜR DEN HAUSGEBRAUCH: Besser nicht

Es werden zwar jede Menge Messgeräte für den Hausgebrauch angeboten. Die meisten funktionieren aber nur innerhalb eines bestimmten

Frequenzbereichs. Zudem erfordert die Beurteilung der Messergebnisse professionelles Hintergrundwissen, sodass es besser wäre, von Anfang an einen Fachmann hinzuzuziehen.

SICHER IST SICHER: Persönliche Schutzmaßnahmen

Ob der durch Handys verursachte Elektrosmog weit reichende gesundheitliche Folgen für den menschlichen Körper hat, liegt zwar nahe, ist aber eben noch nicht ausreichend erforscht und bewiesen.
Bis erste wissenschaftliche Langzeitergebnisse vorliegen, können noch Jahre vergehen. In der Praxis empfiehlt es sich, das Risiko auf ein Minimum einzuschränken.

TIPPS FÜR DIE PRAXIS

Festnetz bevorzugt
Wenn Sie die Wahl haben, bevorzugen Sie ein kabelgebundenes Festnetztelefon.

Kurz fassen
Handys nur für kurze Gespräche benutzen.

Nur bei gutem Empfang
Die Empfangsqualität können Sie auf dem Display des Handys ablesen. Bei schlechtem

→

Empfang braucht es mehr Leistung, um die Verbindung herzustellen und sie zu halten. Dadurch wird auch die Strahlung stärker.

Nicht in geschlossenen Räumen

Telefonieren Sie im Auto möglichst nur mit Freisprechanlage und Außenantenne, weil in geschlossenen Räumen und bei Fortbewegung die Strahlung besonders intensiv ist. In der Bahn und in geschlossenen Gebäuden ohne Außenantenne sollte das Handy ganz aus bleiben.

SAR-Wert

Verwenden Sie Handys mit einem geringen SAR-Wert, der in der Bedienungsanleitung zu finden ist.

Kopf weg vom Strahlenherd

Die Strahlung geht von der Antenne des Handys aus. Wer ein so genanntes Headset benutzt, hält zumindest den Kopf von der stärksten Strahlenbelastung fern.

→ **Headset** siehe Glossar

Schreiben ist besser als sprechen

SMS (siehe Seite 15 ff) ist nicht nur beliebt, sondern als gesundheitliche Vorsichtsmaßnahme auch empfehlenswerter als das persönliche Gespräch, weil das Handy dann weit genug vom Kopf entfernt ist.

Verbindungsaufbau
Die Sendeleistung ist beim Verbindungsaufbau am höchsten. Nehmen Sie Ihr Handy erst zum Ohr, wenn der Gesprächspartner rangeht.
Quelle: Bundesanstalt für Strahlenschutz (BfS)

RETRO-HANDY: In Sachen Gesundheit ganz weit vorn

Die Retro-Hörer der britischen Einmannfirma Pokia (www.pokia.com) sind stark im Kommen.

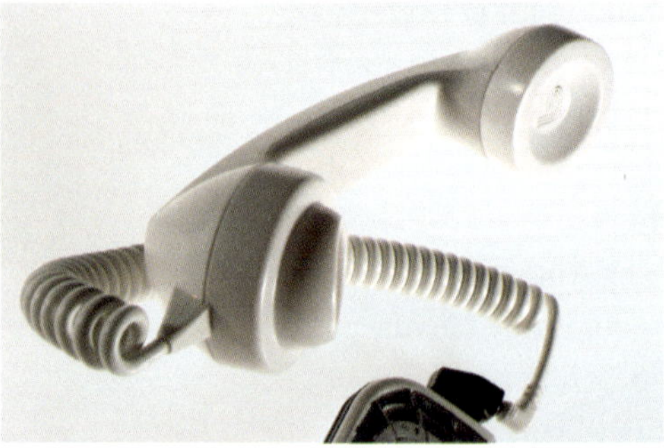

Die Idee ist eine ebenso einfache wie geniale: Telefonhörer aus den vergangenen 40 Jahren werden über einen Adapter einfach an brandneue Handys angeschlossen. Das sieht nicht nur schick aus, sondern schränkt auch die gesundheitlichen Risiken enorm ein: Die strahlungsreiche Antenne des Handys ist automatisch weit weg vom empfindlichen Kopf.

In Deutschland sind die Retro-Hörer mit Adapter für zirka 30 Euro beispielsweise bei eBay (www.ebay.de) oder bei Rokia (www.rokia.de) erhältlich.

7 VIRENALARM!

Panikmache oder echte Gefahr?

Viren, Würmer und Trojaner. Jeder kennt sie, jeder mauert seinen PC mit Firewall, Antivirenschutz und Prüfsoftware ein. Auch auf dem Handy wurden schon die ersten Exemplare digitaler Störenfriede gesichtet. Allerdings haben sie bisher noch keinen größeren Schaden anrichten können. Ein wirklicher Grund zur Sorge oder gar zur Panik besteht derzeit also nicht. Noch nicht.

→ **Virus/Würmer/ Trojaner** siehe Glossar

Während der PC eine gigantische Angriffsfläche bietet, nämlich ein komplex programmiertes Betriebssystem mit vielen kleinen, ungeschützten Türen für unerwünschte Eindringlinge, ist das Handy mit seiner einfach gestrickten Systemsoftware vergleichsweise gut abgeschirmt. Zudem bietet es für Hacker keinen wirklichen Anreiz. Denn selbst wenn ein Sicherheitsloch auf einem bestimmten Handymodell gefunden wurde, kann der dort eingeschleuste Virus sich zwar auf ähnlichen Geräten verbreiten, aber nicht auf breiter Flur.

Nichtsdestotrotz sollte man die prinzipielle Arbeitsweise digitaler Schädlinge verstehen, um auch für die Zukunft gewappnet zu sein: Viren, Würmer und Trojaner sind nichts anderes als ein Programmcode, der sich zwar nicht bei einem Telefonat, wohl aber per SMS, Bluetooth,

E-Mail oder Download in ein Handy einschleusen und dort Schäden unterschiedlichster Art anrichten kann.

Digitale Schädlinge

Viren, Würmer oder Trojaner können

- sich selbstständig per SMS an alle Adressaten aus dem Adressbuch des Handys verschicken
- eigenständig teure 0190-Nummern anwählen
- das Betriebssystem oder andere auf dem Handy installierte Software zerstören.

→ **Smartphones**
siehe Glossar

Wirklich gefährdet und bereits betroffen sind derzeit vor allem so genannte Smartphones, die mit komplexen Betriebssystemen ausgestattet sind, und Bluetooth-Handys. Bei letzteren hält sich die Gefahr allerdings allein deshalb in Grenzen, weil sich das Handy eines Hackers in unmittelbarer Nähe der „Opfer"-Handys befinden müsste, um irgendwelche Schädlinge einschleusen zu können.
Nichtsdestotrotz sollte man zur Vorsicht ein paar Grundregeln beachten.

TIPPS FÜR DIE PRAXIS

Trau, schau, wem

Den „bösen Mann“ gibt es auch auf dem Handy. Nur dass er keine Süßigkeiten, sondern meistens Software bei sich hat. Deshalb: Keine Daten annehmen, deren Herkunft nicht bekannt ist. Nur Programme aus dem Internet herunterladen und Dateianhänge öffnen, die aus vertrauenswürdigen Quellen stammen.

Bluetooth

Manchmal klopft der „böse Mann“ auch einfach nur an die Tür und will hereingelassen werden. Am besten das Handy gleich auf „unsichtbar“ stellen. Dann ist es für andere Bluetooth-Geräte nicht auffindbar. Prüfen Sie regelmäßig, ob in den so genannten Bluetooth-Paarungen auf dem Handy Ihres Kindes ein Ihnen unbekanntes Gerät auftaucht und löschen Sie es gegebenenfalls.

Abhilfe

Wenn das Handy spinnt und sich nicht mal mehr abschalten lässt, ist das Kind vielleicht doch Opfer eines Angriffs geworden. In den meisten Fällen genügt es, den Akku rauszunehmen und wieder neu einzusetzen.

8 VORSICHT KOSTENFALLE!

So schützen Sie Ihr Kind

Der Medienpädagogische Forschungsverbund Südwest hat errechnet, dass Kinder und Jugendliche pro Jahr 860 Millionen Euro in das Handy investieren. Ein großer Teil davon ist auf die unlauteren Geschäftspraktiken verschiedener Geschäftemacher zurückzuführen. Denn von einem einzelnen Klingelton oder Logo für zwei oder drei Euro wird kein Jugendlicher wirklich arm.

UND PLÖTZLICH WAR'S EIN ABO: Das Kleingedruckte lesen

Verschiedene Klingeltöne können bis zu fünf Euro kosten. Kein Spottpreis, aber für Kinder auch nicht unbezahlbar. Wer guckt da schon auf Texte wie diesen, der am unteren Bildschirmrand klein eingeblendet ist:

3 mono Töne & Logos für 2,99/Monat bzw. 5 poly Töne & Logos bzw. 4 Reals & Logos je 4,99/Monat (zzgl. Musicnews + WAP-Inhalte)! Sparabo zum Abruf (+ Transport). Abo-Kündigung per SMS mit „Stopgigaton" (mono Giga Ton) bzw. „Stopgigapoly" (Poly Giga Ton) bzw. „Stopgigareal" (Giga Reals) an … Minderjährige Besteller benötigen die Einwilligung eines Erziehungsberechtigten.

Welches Kind versteht wirklich, was da im Klartext geschrieben steht? Dass in diesem Fall dem bestellten Klingelton im nächsten Monat drei weitere, und im Monat darauf wieder drei neue Klingeltöne folgen. Zumindest auf der Rechnung. Und zwar so lange, bis man erschrocken merkt, dass unwissend statt eines einzigen Klingeltons ein ganzes Abonnement bestellt wurde.

TIPPS FÜR DIE PRAXIS

Warnen und aufklären
Machen Sie Ihr Kind aufmerksam auf die Risiken von Klingelton-Abos oder sonstigen Abo-Angeboten für das Handy.

Gratisklingeltöne
Dieses Stichwort wird gerne als Lockvogel für Abo-Fallen benutzt und ist deshalb nur mit äußerster Vorsicht zu genießen.

Taschengeldparagraph
Die Beschwerden und Klagen gegen verschiedene Anbieter mehren sich zwar. Doch derartige Geschäftspraktiken sind im Rahmen des Taschengeldparagraphen offenbar zulässig. Heute ist es der eine, morgen ein ganz anderer Anbieter, der versucht, Kinder und Jugendliche über den Tisch zu ziehen. Da hilft nur eines: Aufklärung.

KONTAKTBÖRSE: Die Premium-SMS

Die Mehrwert-SMS ist ein häufig gebrauchtes Zahlungsmittel für Klingeltöne, Logos und andere Handy-Services, bei der die anfallenden Kosten mit der Mobilfunkrechnung beglichen werden. Die fünfstelligen Kurzwahlen beginnen meistens mit den Ziffern 7 oder 8, der Anbieter kann den Preis selbst festlegen.

TIPPS FÜR DIE PRAXIS

Schreib doch mal wieder!
Die neueste Masche jener Geschäftemacher, die verheißungsvolle Botschaften wahllos an Tausende Handys schicken und dabei teure SMS-Mehrwertnummern als Kontaktadresse hinterlassen. Bloß nicht darauf antworten! Vor allem nicht, wenn die Rückrufnummer mit einer 7 oder 8 beginnt.

Flirt-Chat
Viele Kinder kennen den Chat, das Plaudern und Flirten per Tastatur, und fallen deshalb gerne auf die im Fernsehen beworbenen Flirt-Chats per SMS herein. Sie sind natürlich nicht real, am Ende der anderen Leitung sitzen Profis, die die Kinder möglichst lange in ein SMS-Gespräch verwickeln. Und bei zehn ausgetauschten Nachrichten sind schnell 50 Euro fällig.

FATALE NEUGIERDE: Die Sache mit der Anruferliste

Kinder sind neugierig und rufen meist sofort zurück, wenn ihr Handy einen Anruf in Abwesenheit meldet.

TIPPS FÜR DIE PRAXIS

Versteckte 0190-Nummern

Für Kinder und häufig auch für Erwachsene sind teure Mehrwertnummern nicht sofort erkennbar, wenn diese mit einer vorangestellten Länderkennung beginnen. Auf dem Handy kosten sie oft ein Vielfaches von denen auf einem Festnetztelefon. Deshalb sollten Kinder und Erwachsene nur ihnen bekannte Rufnummern aus der Anruferliste zurückrufen.

Telefontricks

Um die Kinder oder andere Geprellte möglichst lange in der Leitung zu halten, bedienen sich die Betreiber solcher Methoden eines einfachen Tricks: Vom Tonband wird das Freizeichen eines Telefons oder ein belangloses, aber doch neugierig machendes Gespräch abgespielt. Sofort auflegen.

TELEVOTING UND GEWINNSPIELE: Festnetz ist nicht Handy

Egal, ob jemand auf einem Popstar-Thron oder im Container bleiben soll: Immer häufiger werden auch Kinder und Jugendliche mit Werbeeinblendungen oder vom Moderator selbst aufgefordert, sich per Telefon am Fernsehgeschehen zu beteiligen.

TIPP FÜR DIE PRAXIS

0137-Rufnummern

Televotings und Gewinnspiele über das Telefon werden über 0137-Rufnummern abgerechnet. Dass diese kostenpflichtig sind, wird im Fernsehen nicht verschwiegen. Allerdings gelten die dort angezeigten Preise nur für Anrufe aus dem Festnetz. Anrufe vom Handy kosten meistens mindestens das Doppelte.

ABGESTEMPELTE HANDYS: Per Tastendruck im Internet

Leider lenken auch Mobilfunkanbieter selbst ihre Kunden auf verschiedene kostenpflichtige Angebote, indem sie einige Tasten des Handys so programmieren, dass diese bei versehentlicher Betätigung automatisch auf kostenpflichtige Dienste führen.

TIPPS FÜR DIE PRAXIS

Gerät inspizieren
Prüfen Sie am besten vor dem Kauf, ob Ihrem Handy ein „Stempel“ Ihres Netzbetreibers aufgedrückt wurde. Drücken Sie nacheinander alle Tasten und prüfen Sie, was passiert, oder fragen Sie den Verkäufer nach der vorprogrammierten Belegung der Tasten.

Originalsoftware
Sollten Tasten programmiert sein, bitten Sie den Verkäufer vor dem Kauf, die Originalsoftware des Handy-Herstellers ohne diese Tastenbelegung aufzuspielen.

ERST DER URLAUB, DANN DIE RECHNUNG

Nicht nur das Telefonieren im Ausland hat seinen Preis, sondern auch die Erreichbarkeit. Während zum Beispiel ein angenommenes Gespräch im Inland gratis ist, werden im Ausland dafür Gebühren berechnet.

Deshalb lohnt es sich, die folgenden „Tipps für die Praxis“ vor dem nächsten Urlaub noch einmal genau durchzulesen.

TIPPS FÜR DIE PRAXIS

Mailbox

Das Abfragen des Anrufbeantworters kann im Ausland richtig teuer werden, weil der Netzbetreiber im schlimmsten Fall alle Wege des eingehenden Anrufs bis hin zur deutschen Mailbox berechnet. Befindet sich der Anrufende in Deutschland und der Angerufene in Italien, so wird der Anruf zunächst von Deutschland nach Italien geleitet. Ist der Teilnehmer nicht erreichbar, geht der Anruf von Italien zurück nach Deutschland, wo die Mailbox des Netzbetreibers installiert ist. Der Netzbetreiber berechnet in der Regel den Hin- und Rückweg der Gesprächsweiterleitung. Erkundigen Sie sich deshalb vor Ihrer Abreise bei Ihrem Netzbetreiber nach den genauen Abrechungsmodalitäten im Ausland.

Der Angerufene zahlt

Um Kosten zu sparen, lassen sich viele Handy-User lieber anrufen. Unwissend, dass der Netzbetreiber die Gebühren für die Weiterleitung des Telefonats aus Deutschland in Rechung stellt. Sprich: Der Anrufer kommt nur für die Tarife ins deutsche Mobilfunknetz auf. Alles, was darüber hinausgeht, zahlt der Angerufene.

GLOSSAR

Akronym | Aus den Anfangsbuchstaben mehrerer Wörter gebildete Abkürzung.

Bluetooth | Schnittstelle am Handy für die drahtlose Kommunikation mit anderen Handys oder anderen Bluetooth-Geräten innerhalb festgelegter Reichweiten.

Daddeln | Jargonbezeichnung für sinnentleertes Spielen an elektronischen Geräten wie Computern, Spielkonsolen oder Handys.

Elektrosmog | Umweltbelastung durch elektrische und magnetische Felder oder elektromagnetische Wellen elektrischer Geräte.

Emoticon | Bezeichnung für ein um 90 Grad nach links gekipptes Symbol. Es drückt z. B. den Gefühlszustand des Absenders aus. Wenn jemand fröhlich ist, verwendet er ein :-)

GPRS | General Packet Radio Service. Ein paketbasierter Mobilfunkstandard, der eine Datenübertragungsrate von bis zu 115 Kilobit pro Sekunde ermöglicht.

GPS | Global Positioning System. Satellitenortungssystem. GPS-fähige Handys sind mit einem Sender ausgestattet und können so den eigenen Standort über die Signale erdumkreisender Navigationssatelliten relativ genau bestimmen.

Handy | Umgangssprachliche Bezeichnung für ein Mobiltelefon, die außerhalb des deutschsprachigen Raums kaum verwendet wird.

Headset | Kombination aus Lautsprecher und Mikrofon, die die Möglichkeit schafft, das Handy vom Kopf fern- und die Hände für Tastatureingaben freizuhalten.

Inflektive | Vornehmlich im Chat und in Comics gebraucht. Tilgung der Endung von Wörtern (knallen – knall).

Java | Programmiersprache der Firma Sun. Häufig auf Handys im Einsatz.

Kurzwahl | Funktion, die ermöglicht, eine gewünschte Rufnummer mittels eines Tastendrucks zu wählen.

Mailbox | Anrufbeantworter, dessen Abfrage häufig kostenpflichtig ist.

MMS | Multimedia Message Service. Gemeint sind auf GPRS basierte Mitteilungen, die sich zusammen mit Bild und Ton von Handy zu Handy oder von Handy zu Internet verschicken lassen. Im Gegensatz zur SMS sind auch Textbotschaften mit mehr als 160 Zeichen möglich.

MP3 | MPEG-1 Layer 3. Gemeint ist ein Kompressionsverfahren, mit dem sich Musikstücke ohne Qualitätsverlust auf ein Zwölftel ihrer ursprünglichen Größe komprimieren lassen.

Pin | Personal Identification Number. Gemeint ist eine Geheimnummer, die vor unbefugter Nutzung schützen soll. Sie muss nach jedem Einschalten des Handys eingegeben werden.

Prepaid-Karte | Wiederaufladbare Guthabenkarte.

Push to Talk | Service, der es erlaubt, ein Handy wie ein Walkie-Talkie zu nutzen.

Qwertz | Tastatur mit deutscher Anordnung, die ganz leicht an den ersten sechs Buchstaben q, w, e, r, t, z zu erkennen ist.

SAR | Spezifische Absorptionsrate. Sie gibt die Strahlungsleistung eines Handys an, die der menschliche Körper pro Kilogramm Gewebe aufnimmt. Sie wird in Watt pro Kilogramm notiert. Je niedriger der SAR-Wert, desto besser.

Sim-Karte | Mobilfunkkarte im Handy, die den Anschluss identifiziert und Infos wie Pin-Code und Rufnummern speichert.

Sim-Karten-Lock | Er bewirkt, dass das Handy nur in Kombination mit einer bestimmten Sim-Karte benutzbar ist.

Simsen | Schreiben oder Empfangen einer SMS.

Smartphone | Internet-fähige Handys mit vergleichsweise großem Display und komplexem Betriebssystem.

SMS | Short Message Service. Kurznachrichten von bis zu

160 Zeichen, die sich von Handy zu Handy oder von Handy zu Internet verschicken lassen.

Tastensperre | Sie verhindert versehentliche Eingaben, zum Beispiel wenn das Handy lose in der Hosentasche befördert wird. Sie lässt sich manuell aktivieren oder so konfigurieren, dass sie nach einer bestimmten Zeit der Nichtbenutzung automatisch aktiv ist.

Trojaner | Gemeine Webwürmer (siehe Würmer). Spionieren z. B. gespeicherte Daten aus.

UMTS | Universal Mobile Telecommunications System. Gemeint ist eine paketbasierte Technologie, die für einen hohen Datendurchsatz auf dem Handy sorgt.

Virus | Programm, das sich einmal ausgeführt beliebig vervielfältigen kann und ähnlich wirkt wie ein biologischer Virus auf einen lebenden Organismus: den Betriebsablauf des befallenen Opfers zu verändern.

Würmer | Programme, die sich in zerstörerischer Absicht über das Internet verbreiten.

Fotos:
Titel: Mauritius-images/Sammy
Communic8 Ltd.: S. 36;
istockphoto: S. 46; Mauritius:
S. 8/Stock Image, S. 15/Frank
Witt, S. 19, 21/Fergusson, S. 24,
40/age fotostock, S. 59/Stock
Image; Nokia: S. 27; O2: S. 11,
43; Pokia/Andrew Penketh: S. 50;
t-mobile: S. 26

Projektleitung: Susanne Lesaar
Lektorat: Claudia Fahlbusch
Grafik: Petra Kita, Stuttgart
Repro: POINT prepress, Stuttgart
Druck und Bindung: J. P. Himmer
GmbH & Co. KG, Augsburg

ISBN 3-12-920254-4